W Ackermann

Schiller und Lotte, eine Geschichte ihrer Liebe

Zum 100 jährigen Gedenktage ihrer Trauung in der Kirche zu Wenigenjena

am 22. Februar 1790

W Ackermann

Schiller und Lotte, eine Geschichte ihrer Liebe
Zum 100 jährigen Gedenktage ihrer Trauung in der Kirche zu Wenigenjena am 22. Februar 1790

ISBN/EAN: 9783743663374

Hergestellt in Europa, USA, Kanada, Australien, Japan

Cover: Foto ©ninafisch / pixelio.de

Weitere Bücher finden Sie auf **www.hansebooks.com**

Schiller und Lotte.

Eine Geschichte ihrer Liebe.

Zum 100jährigen Gedenktage
ihrer Trauung in der Kirche zu Wenigenjena
am 22. Februar 1790

herausgegeben

von

Pfarrer W. Ackermann.

Mit 6 Abbildungen.

Jena 1890.
Fr. Mauke's Verlag
(A. Schenk).

Schiller und Lotte.

Eine Geschichte ihrer Liebe.

Zum 100 jährigen Gedenktage
ihrer Trauung in der Kirche zu Wenigenjena
am 22. Februar 1790.

Herausgegeben
von
Pfarrer W. Ackermann.

Mit 6 Abbildungen.

Jena 1890.
Fr. Mauke's Verlag.
(A. Schenk).

An Schiller sollen diese Blätter erinnern. Und an wen ließe sich wohl unser Volk lieber erinnern? Seit den Tagen Luthers hat doch wohl niemand solchen Widerhall gefunden im ganzen deutschen Volke, als der begeisterte Sänger der Freiheit, der Wahrheit, des göttlichen Rechtes, welches in jedem Menschen liegt. Wie hat er verstanden, dem Freiheitsgefühl, das drüben in Frankreich den furchtbar blutigen Sturm der großen Revolution entfesselte, den hohen, sittlichen, christlichen Gehalt zu geben: „vor dem Sklaven, wenn er die Kette bricht — vor dem freien Manne erzittert nicht!" Wie hat er das Gemüt so lebhaft bewegt und alle Saiten angeschlagen im Lied von der Glocke, in den Worten des Glaubens wie des Wahns eine gar eindringliche Predigt gehalten, wie hat er sich in seinen Balladen, die noch fort und fort die ganze Jugend unsres Volkes erfreuen: der Bürgschaft, dem Taucher, dem Gang nach dem Eisenhammer, den Kranichen des Ibykus und vielen anderen als ein vortrefflicher Lehrer bewiesen, der die schönsten Tugenden in leuchtenden Bildern der Seele einzuprägen weiß! Und welch gewaltige Wirkung thun seine Schauspiele auch noch heute! Wer wollte ermessen, welch kräftige Stärkung der freudigen, opferwilligen Vaterlandsliebe unser Volk aus der Jungfrau von Orleans, vor allem aus dem Wilhelm Tell gewonnen hat!

Aber nicht das ist die Aufgabe dieser wenigen Blätter und das kann sie nicht sein, die Bedeutung Schillers zu kennzeichnen; zur Erinnerung nur sollen sie dienen an einen Tag, dessen hundertjährige Wiederkehr sie hervorruft: an den Tag der Trauung Schillers und seiner Lotte und an die Stätte derselben, die Kirche in Wenigenjena. Denn was wäre Schiller ohne seine Lotte! Welch traurige Öde in seiner Seele, wenn dem Verlangen nach Frauenliebe ihm, dem begeisterten Sänger der bekannten Worte: „Ehret die Frauen! sie flechten und weben himmlische Rosen ins irdische Leben" u. s. w. nicht die Befriedigung geworden wäre, und gerade durch diese Frau! Wenn Schiller nicht auch als glücklicher Gatte und Vater die Probe hätte ablegen können für die Wahrheit der Ideale, die ihn begeistern, in denen er so gern die nüchterne Wirklichkeit verließ, um diese Wirklichkeit doch wieder durch seine Ideale zu verklären!

Auch hier konnte, in dem sorgsam erforschten Lebensgange und sowohl dichterischen als brieflichen Nachlasse des großen Dichters Neuheiten aufzusuchen, nicht die Aufgabe sein. Aber wie viele, die an den schönsten Werken Schillers sich erhoben und ihn in ihr Herz geschlossen haben, kennen doch nichts von der Liebesgeschichte, haben keine Gelegenheit gehabt, in seinen Briefen an dem Glück sich zu erfreuen, das über seine Liebe daraus hervorleuchtet. Und den vielen Verehrern Schillers, denen wohl diese wenigen Zeilen zugänglich werden, nicht aber die starken Bände des Briefwechsels oder die ausführlicheren Lebensbeschreibungen, wird es erwünscht sein, ihn selbst zu hören, aus seinem eigenen Munde und dem seiner nächsten Angehörigen zu erfahren, wie innig er und seine Lotte sich geliebt haben, wie der stürmische Feuergeist durch die reine Liebe sich läutert und vollendet. Und diese Läuterung war ihm wie in allen Dingen, so auch in seiner leicht entzündeten Schwärmerei für geistvolle Frauen gar not. Wenigstens das Verhältnis zu der Frau Charlotte von Kalb, einem unglücklichen Opfer einer Heirat aus gemeinen Geldrücksichten, das, in Mannheim 1784 begonnen, Schillers Seele in Spannung erhielt, es hätte ihn nie veredeln, ihn nicht fördern können in seiner Entwickelung. Da wurde denn ganz zufällig im Dezember 1787 eine Bekanntschaft erneuert, die bereits am 6. Juni 1784 in Mannheim gemacht worden war, als Schiller dort Theaterdichter war. Damals hatten auf der Rückreise aus der Schweiz, wo ihre jüngere Tochter Charlotte für eine Hofdamenstelle sich im Französischen ausbilden sollte, Frau von Lengefeld aus Rudolstadt, Witwe des vortrefflichen Landjägermeisters v. L. mit ihren beiden Töchtern Caroline und Charlotte und dem Bräutigam der älteren, einem Herrn von Beulwitz, den Dichter der Räuber, des Fiesko und der Kabale kennen lernen und von ihm Grüße an seine mütterliche Freundin, Frau von Wolzogen in Meiningen, mitnehmen wollen, ihn aber nur noch eben vor der Abreise getroffen. Wie traurig waren unter den schwersten Sorgen um Gesundheit und das tägliche Brod, ja um den ehrlichen Namen die Zeiten vergangen, bis des treusten Freundes thatkräftige Hilfe, die Liebe Körners — des Vaters von Theodor Körner — ihm von 1785—87 das Leben erleichterte, ihm im Genuß der Freundschaft Zeit zum Studieren und Kraft und Mut zum dichterischen Schaffen brachte: die Jahre von Leipzig und Dresden. Aber das Herz wird noch von vielen Seiten heftig erregt; er geht innerlich ruhelos, äußerlich auf nichts als auf seine Arbeitskraft angewiesen und auf den Namen, dem er durch den Don Carlos neuen Glanz erworben, nach Weimar, wo er, während Goethe in Italien weilte, abgeschlossen von der Welt ein unzufriedenes Leben führt, angezogen fast nur von Frau von Kalb. Wie er nun im November nicht anders kann, als seiner Schwester Christophine Reinwald und Frau von Wolzogen in Meiningen einen Besuch zu machen, da folgt er bei dieser Gelegenheit der Aufforderung seines alten Freundes Karl von Wolzogen, den Rückweg über Rudolstadt zu nehmen, worüber er am 8. Dezember, gleich nach der Rückkehr, an Körner schreibt: „In Rudolstadt habe ich mich auch aufgehalten und wieder

Portal der Ki

zu Wenigenjena.

eine recht liebenswürdige Familie kennen gelernt. Eine Frau von Lengefeld lebt da mit einer verheirateten und einer noch ledigen Tochter. Beide Geschöpfe sind (ohne schön zu sein) anziehend und gefallen mir sehr. Man findet hier viel Bekanntschaft mit der neuen Literatur, Feinheit, Empfindung und Geist. Das Klavier spielen sie gut, welches mir einen recht schönen Abend machte." Das ist die erste Mitteilung Schillers über dieses Haus, das ihm bald so nahe trat. Und das persönliche Bedürfnis wie des Freundes Fragen und Vermutungen veranlassen ihn, seine Gedanken über das Heiraten auszusprechen. Am 7. Januar 1788 schreibt er: „Mein Schicksal muß ich innerhalb eines Jahres ganz in der Gewalt haben und also für eine Versorgung qualificiert sein. Dahin habe ich seit dem vorigen September ohne Unterbrechung gearbeitet, und ich denke noch gleich über diesen Punkt . . . Aber ich muß eine Frau dabei ernähren können, denn noch einmal, mein Lieber, dabei bleibt es, daß ich heirate. Könntest Du in meiner Seele lesen, wie ich selbst, Du würdest keine Minute darüber unentschieden sein . . . Ich führe eine elende Existenz, elend durch den innern Zustand meines Wesens. Ich muß ein Geschöpf um mich haben, das mir gehört, das mich glücklich machen kann und muß, an dessen Dasein mein eignes sich erfrischen kann . . . Ich bedarf eines Mediums[1]), durch das ich die anderen Freuden genieße. Freundschaft, Geschmack, Wahrheit und Schönheit werden mehr auf mich wirken, wenn eine ununterbrochene Reihe feiner, wohlthätiger, häuslicher Empfindungen mich für die Freude stimmt und mein erstarrtes Wesen wieder durchwärmt. Ich bin bis jetzt ein isolierter[2]) fremder Mensch in der Natur herumgeirrt und habe nichts als Eigentum besessen. Alle Wesen, an die ich mich fesselte, haben etwas gehabt, das ihnen teurer war als ich,

---

1) Vermittler.
2) vereinsamter.

und damit kann sich mein Herz nicht behelfen. Ich sehne
mich nach einer bürgerlichen und häuslichen Existenz, und
das ist das Einzige was ich jetzt noch hoffe. Glaube nicht,
daß ich gewählt habe ... Ich glaube, daß ich nicht un=
glücklich wählen würde; aber niemand als ich kann für mich
wählen .... Übrigens bin ich noch ganz frei, und das ganze
Weibergeschlecht steht mir offen; aber ich wünsche bestimmt
zu sein .... Übrigens, wiederhole ich Dir noch einmal, halte
mich nicht im geringsten für gefesselt, aber fest ent=
schlossen, es zu werden." Während nun Schiller selbst
so dringend das Bedürfnis echter Frauenliebe hat und, dem
Ende der 20er Jahre entgegengehend, eine Stellung sucht,
in der er mit gutem Gewissen sich verheiraten kann, eine
Stellung, wie sie die unbesoldete Professur in Jena, die in
Aussicht stand, doch noch nicht bot, — gingen die Gerüchte
über ernstere Verhältnisse bis nach Dresden, und in Weimar
wurde er gerade in dieser Rücksicht scharf beobachtet. In
Schillers Seele aber spann sich damals das bleibende Ver=
hältnis an. Charlotte von Lengefeld war zu den Festlichkeiten
der Karnevalszeit nach Weimar gekommen, wie auch schon
früher, und wohnte bei Frau von Imhof. Auch sie hatte
einen tieferen Eindruck im vergangenen Jahre durch einen
schottischen Kapitän Heron empfangen, der ihr, bei seinem
Abschied auf immer, seine Liebe erklärt und ihr Herz
noch viel beschäftigt hatte. Unvermutet tritt Schiller ihr bei
einer Festlichkeit gegenüber und findet sie nun öfters im
Hause der Frau von Imhof und sonst, und bald entsteht
ein kleiner Briefwechsel, veranlaßt durch seine Aufmerksam=
keiten. So ist der erste uns daraus erhaltene Brief eine
Mitteilung von Charlotte — sonst nur Lotte, später auch
Lolo genannt — welche ihn bittet, seinen Besuch, den sie heute
nicht recht genießen könne, auf morgen zu verschieben. Auf
diese Beziehung geht jedenfalls die Bemerkung Schillers in
einem Briefe vom 6. März 1788 an Körner: „Neuerdings
ließ ich zwar ein Wort gegen Dich fallen, das Dich auf

irgend eine Vermutung führen könnte — aber dieses schläft tief in meiner Seele, und Charlotte[1]) selbst, die mich fein durchsieht und bewacht, hat noch gar nichts davon geahnt." Aber schon bis zum 6. April, an welchem Tage Lotte nach Rudolstadt zurückreiste, hat sich die Freundschaft so weit gefestigt, daß Schiller viel Wert auf gemeinsame Ansichten und Gedanken legt und nicht nur die höflichen, verbindlichen Redensarten über das Vergnügen ihrer Bekanntschaft und die Hoffnung ihr, irgendwie zur Glückseligkeit[2]) ihres Lebens beizutragen macht, sondern ihr am 3. April auch die in seine Gedichte aufgenommenen Verse ins Stammbuch schreibt: „Ein blühend Kind, von Grazien und Scherzen umhüpft" ꝛc., die doch so viel deutlich zeigen, daß ihn Lottens echte Jungfräulichkeit anzieht, die sie befähigt, die Welt um sich glücklich zu sehen und zu machen. Auch ist schon der Gedanke eines Sommeraufenthaltes bei Rudolstadt ernstlich ins Auge gefaßt worden, und Lotte hat sehr gern die Verpflichtung auf sich genommen, für Schiller eine Wohnung zu bestellen. Das giebt wieder Anlaß zu neuem Briefwechsel, und da es damals Mode war in diesen Kreisen, lebhaft über die eignen Gefühle und Gedanken sich auszulassen, so konnte es nicht fehlen, daß auch die beiden über das Glück ihrer Bekanntschaft bezw. Freundschaft sich allerhand schöne Dinge sagen: „Könnte ich hoffen", schreibt Schiller am 11. April, „daß von der Glückseligkeit Ihres Lebens ein kleiner Anteil auf meine Rechnung käme, wie gern entsagte ich manchen Entwürfen für die Zukunft um des Vergnügens willen, Ihnen näher zu sein! Wie wenig sollte es mich kosten, den Bezirk, den Sie bewohnen, für meine Welt anzunehmen!" Und dann giebt er ihr seinen Beifall zu dem Gedanken, daß ländliche Einsamkeit in dem Genusse der Freundschaft das Ziel ihrer Wünsche sei. Lotte

---

1) Frau v. Kalb.
2) Damalige Redewendung.

aber erzählt unter dem 24. April ausführlich die sorglichen Bemühungen für seine Wohnung, die an sich schon zeigen, wie gern sie ihn kommen sah, und fügt hinzu: „nun steht es bei Ihnen, wenn Sie kommen wollen; daß ich mich freue, Sie zu sehen, manchen schönen Tag mit Ihnen zu verleben mich freue, können Sie denken." Eine liebenswürdige Warnung, sich ja lieber gar nichts von dem Aufenthalt bei ihrer Familie zu versprechen, giebt Schiller zu der fein bescheidenen Bemerkung Veranlassung, daß er freilich zu sehr nur an sich gedacht und gehandelt habe, als müsse man besser von ihm denken, als er's verdiene. Am 19. oder 20. Mai trifft er in Rudolstadt ein und bezieht dann alsbald seine freundliche Wohnung in Volkstädt. Damit war der Grund gelegt für einen Umgang, der für Schillers Gemüt bald zum unentbehrlichen Genuß und täglichen Bedürfnis wurde.

Bis zum 12. November, fast 6 Monate lang blieb nun Schiller in Volkstädt, manchmal auch in dem kaum $^1/_2$ Stunde entfernten Rudolstadt, und während dieser ganzen Zeit in einem täglichen Verkehre mit Lengefelds und Beulwitzs, der nur unterbrochen wurde, wenn Schiller unwohl war. Am 26. Mai schreibt er sehr vergnügt über seine Wohnung an Körner und erzählt dabei: „In der Stadt selbst habe ich an der Lengefeld'schen und Beulwitz'schen Familie eine sehr angenehme Bekanntschaft und bis jetzt auch die einzige, wie sie es vielleicht auch bleiben wird. Doch werde ich eine s e h r n a h e Anhänglichkeit an dieses Haus, und eine a u s s c h l i e ß e n d e an irgend eine einzelne Person aus demselben sehr ernstlich zu vermeiden suchen. Es hätte mir etwas d e r Art begegnen können, wenn ich mich mir selbst ganz hätte überlassen wollen." Wenn nun aber in den nicht ganz 6 Monaten 97 Nummern eines fliegenden Briefwechsels mit so vielen gegenseitigen Beteuerungen des Bedauerns über jede Stunde der Störung und jede verhinderte Zusammenkunft noch aufbehalten sind, die beweisen, daß diese Störungen und Hinderungen sehr in der Minderzahl sind, so würde

Schiller die sehr nahe Anhänglichkeit an seine Freunde nicht leugnen können, dagegen ist es ihm zunächst gelungen, eine ausschließende Anhänglichkeit an eine einzelne Person dadurch zu vermeiden, daß er beide Schwestern gleich innig und nahe mit seiner Liebe umfaßte. Denn die ältere, Caroline von Beulwitz, seiner Freundin Frau von Kalb an Leidenschaftlichkeit und geistiger Lebendigkeit sehr ähnlich, wenn auch von höherer Denkweise, von ihrem sehr braven und wohlgebildeten Gatten, den sie der Mutter zu liebe geheiratet, wohl wegen gewisser Unfeinheiten sich abgestoßen fühlend, ergab sich bald mit ganzer Seele dem bezaubernden Einflusse des jungen Dichters, und für ihn, der selbst dem Zauber weiblicher Anmut, wenn sie von lebendigem Geiste gehoben war, nicht widerstehen konnte, verschmolz das Schwesternpaar in eins: das Ideal weiblicher Freundschaft, die ihn belebte und erhob, so daß diese mit der Körners zusammen seinem Herzen zunächst Genüge that. Fortan bis zu seiner Verheiratung sind es stets beide, an die er sich wendet, nach denen er sich sehnt, mit denen er eins ist, die er auch in der Ferne bei sich weiß, durch deren Liebe er reich ist. Es wird interessieren, zu lesen, was er am 27. Juli über Lengefelds und sein Verhältnis zu ihnen an Körner schreibt: „Ich habe mich hier noch immer ganz vortrefflich wohl. Nur entwischt mir manches schöne Stündchen in dieser anziehenden Gesellschaft, das ich eigentlich vor dem Schreibtische zubringen sollte. Wir sind einander hier notwendig geworden, und keine Freude wird mehr allein genossen. Die Trennung von diesem Hause wird mir sehr schwer sein und vielleicht desto schwerer, weil ich durch keine leidenschaftliche Heftigkeit, sondern durch eine ruhige Anhänglichkeit, die sich nach und nach so gemacht hat, daran gehalten werde. Mutter und Töchter sind mir gleich lieb und wert geworden, und ich bin es ihnen auch. Es war recht gut gethan, daß ich einem ausschließenden Verhältnisse so glücklich ausgewichen bin: es hätte mich um den besten Reiz dieser Gesellschaft gebracht. Es sollte

mich wundern, wenn Euch diese Leute nicht sehr interessierten.
Beide Schwestern haben etwas Schwärmerei; doch ist sie
bei beiden dem Verstande untergeordnet und durch Geistes=
bildung gemildert. Die jüngere ist nicht ganz frei von
einer gewissen Coquetterie d'esprit¹), die aber durch Be=
scheidenheit und immer gleiche Lebhaftigkeit mehr Ver=
gnügen giebt als drückt. Ich rede gern von ernsthaften
Dingen, von Geisteswerken, von Empfindungen — hier
kann ich es nach Herzensluft und ebenso leicht wieder
auf Possen überspringen." Und am 26. August: „Hier habe
ich viele gesellige Freuden schon genossen, aber da ich mich
wieder losreißen muß, so verdirbt mir der Gedanke an die
Zukunft den augenblicklichen Genuß. Ein Bißchen mehr
ruhiges Blut machte mich zu einem glücklichen Menschen" 2c.
Endlich gleich nach der Rückkehr am 14. November: „Mein
Abzug aus Rudolstadt ist mir in der That schwer geworden;
ich habe dort viele schöne Tage gelebt und ein sehr wertes
Band der Freundschaft gestiftet. Bei einem geistvollen Um=
gang, der nicht ganz frei ist von einer gewissen schwärme=
rischen Ansicht der Welt, so wie ich sie liebe, fand ich dort
Herzlichkeit, Feinheit und Delikatesse, Freiheit von Vorurteilen
und sehr viel Sinn für das, was mir teuer ist." Dabei
freut er sich, neben unbeschränkter eigener Freiheit auch selbst
gegeben, wohlthätig gewirkt zu haben, und daß sein Herz
durch „Verteilung der Empfindungen" noch frei sei.

Indessen geht der Briefwechsel mit den Schwestern fort.
Schiller fühlt sich in Volkstädt schon zu einsam, kann eine
gewisse Eifersucht nicht unterdrücken, als er Lotte auf einem
Balle weiß, und gönnt sie auch ihren Freunden in Kochberg
nicht, wo sie einige Tage bei Frau von Stein weilt — aber
auch Lotte schreibt aus Kochberg den 15. Oktober: „Glauben
Sie mir, daß ich Sie gern in meiner Erinnerung haben
werde, und es mich freut, daß ich glauben darf, daß auch

---

¹) Gefallsucht durch Geist.

Sie mich nicht vergessen. Möchte nur nichts unsre Freundschaft stören! Auch wenn Sie nicht mehr unter uns sind, hoffe ich, wird uns Ihr Geist nicht ganz verlassen" ꝛc. und Caroline: „Sie wissen, ich sagte es Ihnen oft, welch schönen Einfluß Ihre Freundschaft auf mein Leben hat, wie mein Dasein weiter, reicher und wahrer durch die Aufschlüsse Ihrer großen Seele wird — ich kann es nicht dulden, daß sich Wolken zwischen uns zusammenziehen" ꝛc.

Mit der Trennung wird der Briefwechsel regelmäßig und häufig (noch über 200 Nummern bis zur Verheiratung!), wie es zwischen Brautleuten sich nur denken läßt, er wird gehaltreicher, da er den mündlichen Austausch über Gelesenes und Gedachtes ersetzen muß, und er wird um so inniger, als Schillers Zukunftspläne und -Aussichten, seine Berufung nach Jena — ohne Gehalt — seine Arbeiten u. s. w. in den Vordergrund treten. Am 22. November, ihrem Geburtstage, will Lotte diesen Tag seiner Freundschaft weihen, mit gar schwärmerischen Worten, am 2. Dezember fordert sie ihn auf, auch die bösen Geister ihr zu schicken, die ihn plagen, sie teile auch das Unangenehme gern mit Menschen die ihr lieb seien, und sie erinnert daran, daß sie vor 1 Jahre einander noch fremd waren: „ich weiß noch, daß ich den Tag so ganz in mir verschlossen war, der Regen und Wind machte mir so unheimlich, und den Abend freute ich mich so, ich hätte es mir nie am Morgen träumen lassen. Das war ein guter Geist, der Sie uns brachte." Am 23. Dezember schreibt Schiller von seiner Berufung nach Jena und oft nachher im Tone der tiefsten Reue, er habe sich übertölpeln lassen: „mein schöner künftiger Sommer in Rudolstadt ist fort." Wie er seinen neuen Beruf schätzt, zeigen in demselben Briefe die Worte: „Werden Sie mir nun auch noch gut bleiben, wenn ich so ein pedantischer Mensch werde?" Am 26. Januar 1789 läßt er seinen Volkstädter Aufenthalt und die gewohnten gemeinsamen Wege vor der Seele vorübergehen und sagt, daß er auf dem Wege nach Belvedere auch auf dem Wege zu den Schwestern war. „Aber ich habe Sie nicht gefunden — das war der große Unterschied." Auch Selbstbekenntnisse laufen mit unter. Schiller schreibt am 25. Februar betreffend die Schwierigkeit, Goethes Charakter zu verstehen, dazu habe er auch keine Zeit: „Es ist eine Sprache, die alle verstehen, diese ist, gebrauche deine Kräfte. Wenn jeder mit seiner ganzen Kraft wirkt, so kann er dem andern nicht verborgen bleiben, dies ist mein Plan." Und Lotte am 7. April: „Ich war sonst erstaunend eitel und haschte nach Lob, jetzt ist dies alles durch Nachdenken vertrieben worden, aber es hat mir lange angehängt."

Am 11. Mai war Schiller in Jena eingezogen, am 26. hatte er seine erste Vorlesung gehalten, bald fühlte er sich, abhängig von mancherlei körperlichen und seelischen Stimmungen, unglücklich und klagt oft seinen Freundinnen sein Leid. Trotz aller Arbeit macht er ihnen im Juni einen Besuch in Rudolstadt, es werden allerlei Pläne geschmiedet über Besuche der Schwestern in Jena und ein Zusammentreffen in Lauchstädt, wohin sie ins Bad gehen wollten. Das wird auch ausgeführt. Aber vor der Zusammenkunft in Lauchstädt, nachdem es in Jena zu keinem gemütlichen Beisammensein gekommen schreibt Schiller am 24. Juli: „Sie wissen, daß der weibliche Charakter zu meiner Glückseligkeit so notwendig ist. Meine schönsten Stunden danke ich doch Ihrem Geschlecht — wenn ich besonders noch die Musen [1]) dazurechne, die nicht umsonst Frauenzimmer sind . . . . Die grimmigen Gesichter der Gelehrten verscheuchen alles, was Freiheit und Freude atmet. Kommen Sie ja bald zurück, kommen Sie, mich wieder zum Menschen zu machen; zum Dichter — das ist vorbei." Und an Lotte besonders über das Zusammensein in Jena: „Ich wurde Ihres Anblicks nicht froh. Kaum sollte man es denken, daß oft auch die übereinstimmendsten Menschen — die einander so schnell und leicht auffassen und

1) Griechische Göttinnen der Kunst und Wissenschaft.

so lebendig in einander leben — wieder einen so weiten
Weg zueinander haben. So nah und doch so ferne!"
Nachdem er dann über sein Leben in Jena bitter geklagt,
fragt er: „Aber warum schreibe ich Ihnen solche Dinge?"
Und Lotte antwortet am 27. Juli: „Warum glauben Sie,
lieber Freund, mir nicht alles, was Sie denken, sagen zu
dürfen? Um meine Freuden nicht zu stören? Können Sie
denken, daß ich nicht gern jedes Gefühl Ihrer Seele, es sei
des Schmerzes oder der Freude, mit Ihnen teile und es gern
in die meinige aufnehme?" Darauf kam es am 2. August
zu Schillers Besuch in Lauchstädt. Caroline im Einzelgespräch
macht Schiller sichere Hoffnung zu Lottens bräutlicher Liebe,
und in Leipzig oder auf dem Wege dahin schrieb Schiller
aus überströmendem Herzen seinen ersten Brautbrief, der mit
den Worten beginnt: „Ist es wahr, teuerste Lotte, darf ich
hoffen?" dem dann noch am selben Abend aus Leipzig, wo
er Körner traf, ein andrer an beide Schwestern in über=
schwenglichen Tönen folgte. Lotte aber antwortete am 5. Aug.
nur kurz: „Schon 2mal habe ich angefangen, Ihnen zu
schreiben, aber ich fand immer, daß ich zu viel fühle, um es
ausdrücken zu können. Caroline hat in meiner Seele ge=
lesen und aus meinem Herzen geantwortet." So waren
Schiller und Lotte Brautleute; sie sahen sich am 7. August
in Leipzig und kehrten am 8. nach Lauchstädt zurück, von wo
Schiller am 10. nach Jena zurückfuhr, unterwegs mit Körner
zusammentreffend.

Aber mit dem Jawort der Braut und dem entschiedenen
Willen Schillers, mit seiner Lotte einen Hausstand zu be=
gründen, waren die Unterlagen für denselben noch nicht ge=
geben, welche die Welt nun einmal verlangt. Der Herzoglich
Weimarische Rat und Professor Friedrich Schiller hatte keinen
Gehalt, aber Schulden, die wenigstens zu ordnen, wenigstens
ihre Tilgung in sichere Aussicht nehmen zu können, ihm sehr
am Herzen lag, und der Doktortitel, den er vor dem Antritt
der Professur erwerben mußte, hatte ihm 50 Thaler gekostet:

ein teurer Spaß! Die Kollegiengelder waren keine sichere
Einnahmequelle, und er mochte um so weniger darauf rechnen,
als ihm das Halten der akademischen Vorlesungen niemals
ans Herz gewachsen, niemals zum persönlichen Bedürfnis
geworden ist, wie es eigentlich sein muß. Da ergab sich
denn aus diesem Verhältnisse, daß Lottens Mutter (in den
Briefen wird sie nur chère mère = liebe Mutter genannt),
eine sehr gute, treue und feine Frau, die aber natürlich für
ihre Tochter ein gesichertes Leben verlangen mußte, noch nicht
ins Vertrauen gezogen werden konnte. Das war ein Druck
auf der Seele der Verlobten, wenn sie ihre vertraulichen
Briefe der Mutter verheimlichen und Schiller gelegentlich
einen förmlichen Brief an die Schwestern schreiben mußte,
der ihr gezeigt werden konnte. Und damit hängt dann die
Notwendigkeit zusammen, einen sicheren Verdienst, eine loh=
nende Anstellung zu finden, auf Grund deren die Mutter
ihre Einwilligung nicht mehr verweigern könnte. Da jagen
sich allerhand Pläne, nur daß freilich jede aufsteigende Hoff=
nung sich alsbald als eitel erweist. Das Sonderbarste aber
an dem Brautstande war, daß Schillers Briefe aus dieser
Zeit meist an beide Schwestern gerichtet sind und oft daraus
gar nicht hervorgeht, welche von den beiden Schwestern die
Braut ist. Beiden gilt seine Schwärmerei, nach beiden sehnt
er sich, und er drückt sich dabei aus, als ob er einst mit
beiden für immer vereinigt sein werde. Was für trübe
Stunden hat das der armen Lotte gemacht, wie der Brief=
wechsel mit ihrer Freundin Caroline von Dachröden (der
Braut und nachmaligen Frau W. von Humboldt) beweist.
Auch Schiller merkte das zuletzt und schreibt deshalb am
15. November 1789: „Deine Liebe ist alles, was Du brauchst,
und diese will ich Dir leicht machen durch die meinige ....
Unsere Liebe braucht keiner Ängstlichkeit, keiner Wachsamkeit,
— wie könnte ich mich zwischen Euch beiden meines Da=
seins freuen, ... wenn meine Gefühle für Euch beide, für
jedes von Euch, nicht die süße Sicherheit hätten, daß ich

dem andern nicht entziehe, was ich dem einen bin." Und
nachdem er offen zugestanden, daß Caroline die ältere, ihm
in manchen Stücken ähnlichere, ihn mehr zum Aussprechen
seiner Empfindungen veranlasse, fährt er fort: „Aber ich
wünsche nicht um alles, daß dieses anders wäre, daß Du
anders wärest, als Du bist.... Deine Seele muß sich in
meiner Liebe entfalten, und mein Geschöpf mußt Du sein."
Und daß Schillers Liebe trotz dieser sonderbaren Schwär=
merei für beide Schwestern echt und rein war, daß er Lotte
gegenüber doch nicht vergaß, daß sie seine Frau werden sollte,
zeigt sich oft in ebenso inniger wie liebenswürdiger Weise.
Am 25. August 1789 schreibt er an Lotte: „Wie ungenügsam
sind doch unsre Wünsche! Wieviel hätte ich noch vor einem
Monat um die bloße Hoffnung dessen gegeben, was jetzt
schon in Erfüllung gegangen ist! um einen einzigen Blick in
Deine Seele! Und jetzt, da ich alles darin lese, was sich mein
Herz so lange wünschte, eilt mein Verlangen der Zukunft
vor, und ich erschrecke über den langen Zeitraum, der uns
noch trennen soll. Wie kurz ist der Frühling des Lebens,
die Blütenzeit des Geistes, und von diesem kurzen Frühling
soll ich — Jahre vielleicht noch verlieren, ehe ich das be=
sitze, was mein ist." Und nachdem Schiller dann noch auf
die frühere Unsicherheit Lotte gegenüber zurückgekommen, ruft
er aus: „O, Du mußt sie mir noch erzählen die Geschichte
unsrer werdenden Liebe. Aber aus Deinem Munde will ich
sie hören." Wieviel mag davon in den Tagen des Bei=
sammenseins geredet worden sein, da auch in den Briefen
so oft die Erinnerung an die Zeit auftaucht, in welcher sie
der gegenseitigen Liebe noch nicht sicher waren. Am 29.
Oktober fordert Schiller seine Lotte auf, ihm ja recht viel zu
schreiben, ihm mehr zu geben, als er jetzt kann, er werde es
einst mit hohen Zinsen zurückgeben. „Deine Seele muß sich
in allen ihren Gestalten vor mir verklären, und daß ich Dir
nahe bin, dies kannst Du mir nicht zu oft wiederholen. Ach
immer neu überströmt es mich das Gefühl, daß Du mein

bist!" Am 15. November in demselben Briefe, in welchem er Lottchen beruhigt, schreibt er über sich: „Ich kann den Menschen und den Dingen den tiefen Abstand nicht verzeihen, in welchem sie zu dem himmlischen Ideal meiner Liebe stehen. Und daß sie sich doch eindrängen in unsern Kreis und uns an einer Glückseligkeit hindern, die sie nicht fähig sind uns zu ersetzen, das macht mich heftig und oft bitter gegen Menschen und Schicksal." Und zu ihrem Geburtstag, nachdem er am seinigen (10 Tage früher) gesagt, der Tag von Lauchstädt, der ihm die Sicherheit von Lottens Liebe gebracht, sei ihm ein weit lieberer, schönerer Tag, bricht auch das fromme Gefühl bei ihm durch: „Dieser Tag hat auch mir meine Freude geboren und das schöne Geschäft meines Lebens, Deine Glückseligkeit auf meinem Herzen zu tragen. O, gewiß, der Dir das Leben gab, rechnete auf mich und übertrug es mir, Dir dieses Leben zu verschönern." Am 15. September, wo er über das Verhältnis zur Mutter gesprochen, erinnert er sich seiner Pflicht, der eignen Mutter zu schreiben und fährt fort: „Dann aber, wenn ich der kindlichen Liebe genug gethan habe will ich mich bei einer a n d e r n belohnen, die doch schönre Kränze auszuteilen hat und das auch in der Natur gegründet ist." Und wie groß das Verlangen nach echter Liebesgemeinschaft ist, beweist besonders eine Äußerung am 27. November: „Ich will noch einige Jahre h i e r aushalten (in Jena), aber dies kann nur dann geschehen, wenn Lotte mit mir lebt.... Wenn ich bloß die K l u g h e i t fragen wollte, so sollte ich freilich vorher abwarten, bis die Umstände sich zu meinem Vorteile verändert hätten, und bis ich, wie man sagt, in Ordnung wäre. Aber ich könnte über dieser Klugheit zu Grunde gehen. Mein Herz und mein Kopf halten einen so anhaltenden heftigen Zustand nicht aus und zu meiner Thätigkeit selbst ist es nötig, daß ich mich von Anstrengungen des Kopfes in Genüssen des Herzens erhole." Es versteht sich, daß Lotte nicht minder innig ihrer Liebe Ausdruck gibt, wie sie bewundernd zu seinem Geiste auf-

blickt und selig in seiner Liebe zu ihr und in ihrer Liebe zu
ihm ist. Besonders erfreulich ist der Adel der Gesinnung,
der dieselbe verklärt. Wie Schiller einmal ausruft: „Uner=
schöpflich ist in ihren Gestalten die Liebe und die unsrige
glüht in dem ewigen schönen Feuer einer immer sich mehr
veredelnden Seele", so ist es auch ihr ernst, seiner wert zu
sein, ihre Fehler vor ihm aufzudecken, und kindlich kann sie
sich auf die Zeit freuen, wo sie ihm dienen kann: „Ein
ununterbrochenes Zusammensein, tiefere Blicke in mein Herz,
meine Bemühungen, Dir das Leben leicht und schön zu
machen, wird Dir das Bild meiner Liebe in schöneren, helle=
ren Farben darstellen.... Die Abende sollen schön werden,
wenn Du nach Deinen Geschäften bei mir bist und ich dann
auch recht fleißig gewesen bin, o es wird schön werden!"
Später erzählt sie ihm von ihren Übungen im Zeichnen und
meint: „Wenn ich doch zu Deinen Werken die Platten machen
könnte in Zukunft, es wäre gar artig, nicht wahr?" Auf
die von Körner ausgesprochene Gefahr für Schillers künftige
Frau, ihn bei seinen „aussetzenden Pulsen der Freundschaft"
zu verkennen, schreibt sie am 2. Februar 1790, daß sie nicht
glaube, daß der Fall oft eintreten könnte, ihn zu verkennen.
„Es ist nicht Liebe, wenn man sich nur ein schönes Bild in
der Seele entwirft und diesem selbst alle Vollkommenheiten
gibt, sondern dies ist die Liebe, die Menschen so zu lieben,
wie wir sie finden, und haben sie Schwachheiten, sie aufzu=
nehmen mit einem Herzen voll Liebe." Und noch am 12.
Februar 1790 bezeugt Schiller seine ernste, sittlich religiöse
Auffassung der Liebe in folgenden Worten: Dieses volle
unmittelbare Vertrauen ist die notwendige Bedingung unsrer
künftigen Glückseligkeit, aber Du wirst es bald fühlen, daß
sie auch zugleich der höchste Genuß dieser Glückseligkeit ist.
Die höchste Annäherung, welche möglich ist zwischen zwei
Wesen — ist die schnelle, ununterbrochene, liebevolle Wahrheit
gegeneinander."

Unterdessen war aber das Wichtigste für ihre Verhei=

ratung geschehen, die Mutter war von den Schwestern ins Vertrauen gezogen worden. Am 15. Dezember hatten diese von Erfurt aus (am 2. Dezember waren sie zu längerem Aufenthalte abwechselnd in Weimar und Erfurt durch Jena gereist) an ihre Mutter nach Rudolstadt geschrieben und darauf hatte Schiller, voller Aufregung, seit er das wußte, am 18. Dezember seine Werbung an Lottens Mutter gesendet und erhielt unterm 21. Dezember eine bedingte Zusage in einem guten mütterlichen Briefe: „Ja, ich will Ihnen das Beste und Liebste was ich noch zu geben habe, mein gutes Lottchen geben.... Verzeihen Sie aber der Sorgsamkeit und der Pflicht einer Mutter. Können Sie Lottchen neben Ihrer zärtlichen Liebe (nicht ein glänzendes Glück) sondern nur ein gutes Auskommen verschaffen? Beruhigen Sie mich über diesen Punkt und ich nenne Sie mit Freuden Sohn. Wäre ich reich,... wie gern würde ich Ihnen da zeigen, daß Verdienst und ein Herz, so wie ich das Ihrige kenne, die schätzbarsten Güter der Erde für mich sind" 2c. Schiller war außer sich vor Freude. Sofort dankt er der „Mutter" und rechnet ihr vor, daß er 300 Thaler sichere Einnahme von seinen Vorlesungen und mindestens 400 Thaler von seinen Schriften habe und 150—200 Thaler könne der Herzog von Weimar nicht versagen und mit 800 Thalern könnten sie leben; auch sonst zeigt er eine Reihe von näheren und ferneren Aussichten für Verbesserung seiner Einnahmen auf, leugnet auch die augenblickliche Schwierigkeit nicht — nur von seinen Schulden steht nichts in dem Briefe, während er gegen Körner davon immer viel und mit dem ehrlichen Wunsche spricht, sie abtragen zu können.

Am 23. Dezember bat er den Herzog Karl August, seinen Gönner, um „eine Erleichterung", die ihm dann auch schon am andern Tage, als er seine Braut in Weimar besuchte, im Betrage von 200 Thalern gewährt wurde, und am 11. Januar verspricht auch Lottens gute Mutter einen jährlichen Zuschuß von 150 Thalern. Wie fröhlich und zuversicht-

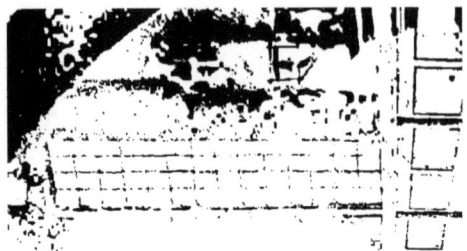

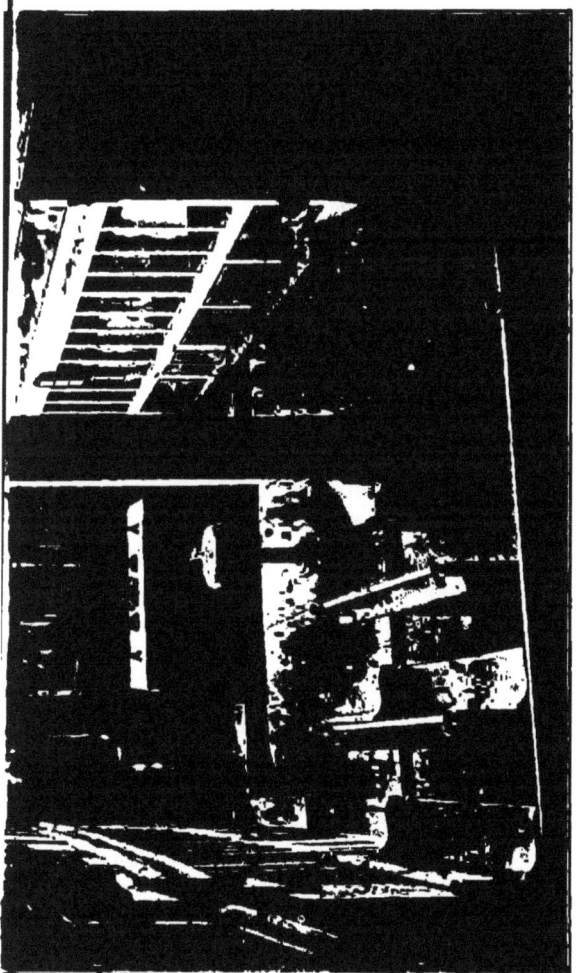

Inneres der Kirche zu Wenigenjena mit Schiller's Traualtar.

lich Schiller damals war, das beweist ein Brief an Körner vom 13. Januar, besonders auch durch die Gewißheit, daß er sich die rechte Frau gewählt habe. „Ich weiß wohl, daß unter zehn, die heiraten, vielleicht neun sind, die ihre Frauen um andrer willen nehmen; ich wählte die meinige für mich.... Ich bin bei diesem ganzen langen Vorfall mit meinem Kopf und meinem Herzen sehr zufrieden." Und dann fügt er noch eine Mitteilung in scherzendem Tone zu, die ihm für seine Braut nicht unwichtig war: „Du wirst künftighin an Herrn Hofrat Schiller schreiben; ich bin seit einigen Tagen um eine Silbe gewachsen — wegen meiner vorzüglichen Ge= lehrsamkeit und schriftstellerischen Ruhms beehrt mich der Meininger Hof mit dem Diplom."

So waren die äußeren Bedingungen zur Verheiratung gegeben, die häuslichen Veranstaltungen verursachten wenig Aufenthalt und Schillers ungeduldige Hoffnung ließ ihn schon am 13. Januar an Körner schreiben: „Dieser Brief wird so kurz ausfallen wie ein Hochzeitsbrief, er ist es aber auch. Innerhalb vierzehn bis achtzehn Tagen wird die heilige Handlung hier in unsrer lieben Stadt Jena vor sich gehen; Du kannst Dich also immer mit einem selbstge= machten lateinischen Carmen darauf rüsten." Es sollte nämlich die Wirtschaft gar nicht selbständig eingerichtet werden, sondern Schillers Plan, den er am 9. Januar seiner Schwie= germutter vorlegt, war folgender: „Hier in Jena sind die notwendigsten Anordnungen in wenigen Wochen gemacht. Ich behalte meine gegenwärtige Wohnung [1]), weil dieses Haus in jedem Betrachte eins der besten ist, die ich hier finden könnte. Bloß einige Zimmer mehr brauchte ich zu mieten, und ich kann sie auf derselben Etage haben. Mein Logis ist möbliert und recht anständig, so daß ich die Möbel auch ferner be= halten kann; ich wäre nicht dafür, jetzt gleich etwas auf

---

[1]) Das große Haus in der Jenergasse, jetzt im Besitz des Herrn Lithograph Giltsch, damals der Fräulein Schramm.

eigne Möbel zu verwenden. Ebensowenig wäre es nötig, dächte ich, sogleich eine eigene Menage¹) anzufangen. Ich habe bisher einen recht guten Tisch in meinem Hause gehabt und um einen überaus billigen Preis. Mit 12 Thalern des Monats glaube ich Mittag- und Abendtisch bestreiten zu können. Wieviel Umstände werden dadurch erspart. Ich brauche dann nur eine Domestique²) für Lottchen; im Hause finde ich alle sonst nötige Bedienung. Die übrigen Artikel, z. B. Wäsche, haben hier alle eine so billige Taxe, daß man bei einer kleinen Haushaltung, wie sie die unsrige sein wird, fast besser thut, sie außer dem Hause besorgen zu lassen." Damit war die Mutter einverstanden: „je kleiner die Wirtschaft, je sorgenfreier kann man leben." Sie schlägt nun selbst vor, in einigen Wochen auf einige Tage nach Jena zu kommen, da sollte sich Schiller in Jena oder auf einem nahen Dorfe trauen lassen. Dieser war höchlichst damit einverstanden und steuert mit allen Segeln seinem Ziele zu in fröhlicher Aufregung, nur ungeduldig, wenn sich der Mutter Ankunft verzögert oder wegen der Fastenzeit, die damals für Trauungen noch geschlossen war, am Horizont ein Hindernis aufzusteigen scheint. Da werden neue Pläne entworfen und die kirchlichen Erfordernisse besprochen; zuletzt bleibt es doch bei dem ersten Plane und bei Schillers Mitteilung vom 6. Februar: „Wenn es Ihnen recht ist, beste Mama, so können wir uns eine Viertelstunde von Jena auf einem Dorfe³) trauen lassen; ich habe mit dem Superintendenten Oemler schon gesprochen und es hat gar keine Schwierigkeiten."

Es war eine aufgeregte Zeit seit Neujahr. Mitten in die Freude, die sich vor Schiller aufthat durch die sichre Aussicht auf häusliches Glück, kam die Nachricht von einer so schweren Erkrankung seiner Mutter, daß er sie schon ge-

1) Küche.
2) Dienstboten.
3) Damit kann nur Wenigenjena gemeint sein.

storben glaubte und in die echten Klagetöne eines guten
Sohnes ausbricht. Wie freut er sich dann ihrer Genesung,
und daß die Freude über seine Verheiratung dazu beitragen
wird. Auch Lotte schreibt in echt kindlicher Weise, die ihr
gutes Herz deutlich offenbart, sowohl an die Ihrigen über ihr
Verhältnis zu Schillers aus sehr schlichten Verhältnissen her=
vorgegangenen Eltern als an ihre Schwiegermutter und die
Briefe der Eltern erregen große Freude, zumal der Vater
Lotte als künftige Gehilfin Schillers in der Ökonomie an=
redet (er wußte wohl, was Schiller in Geldsachen für eine
Frau brauchte!), was aber Lotte ganz gut aufnimmt: „Er[1])
ist doch gar artig und galant und sagt mir die schönsten Sachen,
daß er immer an mich gedacht hätte und daß ich ihm
gefallen habe[2]). Ich werde mich recht gut dazu an=
stellen, die Ökonomie zu verwalten und denke, es wird
sich alles darüber freuen, wer mich kennt. Im Ernst traust
Du mir weniger Kenntnisse zu, als ich habe." Neben den
Heiratsgedanken gehen die amtlichen Pflichten fort.
„Mein jetziges Leben hier ist mir gar unleidlich, ich sollte auf
meine Kollegien denken und meine Gedanken sind weit weg.
Wie schön... wenn wir unsre ganze Glückseligkeit zwischen
unsern vier Wänden beisammen haben." Er mißt die Zeit
der Trennung nach den Vorlesungen: „Die achte, die ich
lese, fällt schon in u n s e r Leben."

Nun gehen die Zeugnisse ein, die Schwestern schlagen
ihm vor, noch die letzte Woche mit ihnen im Freundeskreise
zu Erfurt zu verleben, was ihm eigentlich nicht recht paßt:
„Aber Ihr habt mich einmal unter der Schere und ich muß
geschehen lassen, was die Schere mit mir machen will."
Am 14. Februar geht in der Jenaer Hauptkirche das Auf=
gebot vor sich von vielen Glückwünschen des Herrn Superin=
tendent begleitet, am 17. wird der Mama die Begegnung

---
1) Der Papa.
2) Auf der Reise 1784.

in Kahla am 22. Februar in Aussicht gestellt, und am 18. reist Schiller nach Erfurt, um dort einige Tage in Gesellschaft seiner Braut und Carolinens ganz ungestört seinem Glücke zu leben; am 21. fuhren sie nach Jena, wo für Mutter und Schwägerin eine Wohnung gemietet war; am folgenden Tage trafen sie sich in Kahla und fuhren dann (wahrscheinlich) bei Burgau über die Brücke und über Wöllnitz) nach Wenigenjena, wo gegen Abend $^1/_2$6 Uhr, also am 22. Februar 1790 in aller Stille bei verschlossenen Thüren in Anwesenheit nur der Mutter und der Schwester der Braut die Trauung durch den Adjunkt Mag. Karl Christian Erhard Schmid stattfand. Niemand hatte davon erfahren; jede Überraschung seitens der Professoren und Studenten war vereitelt worden, wie das von Anfang in seinem Wunsche gelegen hatte. Es war, wie Lotte am 22. Februar 1806, als trauernde Witwe am ersten Trautage nach Schillers Tod in ihr Tagebuch schrieb, ein schöner Frühlingstag gewesen und der Anfang eines Lebens voll reichsten Ehesegens. Nicht wegen der äußeren Lage, die war oft drückend, und Schillers schwache, oft bedenklich gefährdete Gesundheit hat sehr schwere Sorgen für Lotte mitgebracht. Aber die Innigkeit der Liebe, die Echtheit ihres Vertrauens zu einander, die unwandelbare Treue ihrer Gesinnung — das hat sich gerade unter den schweren Stürmen, die über das Ehepaar hinwegzogen, als lauteres Gold bewährt und wie Luthers Käthe, so verdient auch Schillers Lotte als der gute Hausgeist und als kräftige Stütze für die Wirksamkeit ihres großen Gatten eine bleibende Stätte im dankbaren Andenken des deutschen Volkes.

Lassen wir wenigstens einige Zeugnisse dafür aus der Ehe folgen. Am 1. März 1790 schreibt Schiller an Körner nach der Mitteilung über die Trauung: „Mit meiner Schwiegermutter verlebten wir nun noch einige angenehme Tage, und da unsre Einrichtung gleich ordentlich gemacht war, so gaben wir schon die ersten Tage ein volles schönes Bild des häuslichen Lebens. Ich fühle mich glücklich und alles

Eintragung in das Kirchenbuch.

überzeugt mich, daß meine Frau es durch mich ist und bleiben wird. . . . Was für ein schönes Leben führe ich jetzt! Ich sehe mit fröhlichem Geiste um mich her. . . . Mein Dasein ist in eine harmonische Gleichheit gerückt; nicht leidenschaftlich gespannt, aber ruhig und hell gingen mir diese Tage dahin. Ich habe meiner Geschäfte gewartet wie zuvor und mit mehr Zufriedenheit mit mir selbst." Und am 3. März an seine Schwiegermutter: „Ich verwundere mich noch über den ruhigen Übergang in das häusliche Leben. Wir haben uns so still und schnell darein gefunden . . und bei unsern mäßigen Wünschen wird es uns nie an der schönsten Lebensfreude fehlen, die man doch nur in seinem eignen Herzen finden kann." Am 10. Mai schreibt er an seine Schwägerin: „Lolo (= Lotte) ist gar lieb und ich freue mich, so oft ich sie sehe, ihres lieben Daseins um mich", und am 15. Mai: „Es ist gar hold und freundlich bei uns, in Jena meine ich, in unserm Hause versteht es sich ja ohnehin. Wir gehen jetzt alle Tage ins Freie und lernen immer neue schöne Plätze kennen, die Dir sehr gefallen werden, weil sie nahe sind. Lolo hat gestern 2 Stunden im Kabinet neben meinem Auditorium zugebracht und mich lesen hören und mir Thee gemacht. Sie hat sich vor den Studenten sehr gefürchtet, jetzt aber hat sie Herz." Lotte selbst aber gibt bei Besuchen in Rudolstadt nicht nur ihre Sehnsucht nach ihrem Gatten zu erkennen, wie auch er nach ihr, sie denkt auch an seine Geschäfte: „ich wollte Dich erinnern, den Zettel ans schwarze Brett schlagen zu lassen, ich will nur dir beweisen, daß ich auch ein gutes Gedächtnis habe, und höre das so gern, wenn Du Deine kleine Frau lobst, daß sie an alles denkt." Und ebenso lauten die Briefe an Schillers Verwandte. Seiner Schwester Christophine Reinwald in Meiningen hat er schon am 19. August 1789 hochbeglückt von seiner Verlobung, jedoch noch ohne Namen zu nennen, geschrieben, er hoffe nun bald den großen Wunsch, den er mit allen den Seinigen teilte, erfüllen zu können, die lieben Eltern und seine Familie zu besuchen, in wenigen Jahren werde er dazu imstande sein: „vielleicht geschieht es dann in Gesellschaft einer neuen Schwester für Dich und einer guten Tochter, die unsern Eltern Freude machen wird. Jetzt ... habe ich die schöne Aussicht vor mir, daß sie m e i n werden wird, daß ihr Herz schon mein ist." Am 16. Mai 1790 aber erzählt er ihr von seiner Häuslichkeit: „daß ich glücklich bin mit meiner Lotte, daß alle meine Wünsche von häuslicher Freude in schönste Erfüllung gegangen sind. Wir führen miteinander das seligste Leben und ich kenne mich in meiner vorigen Lage nicht mehr. ... In fremder Gesellschaft lebe ich jetzt gar selten, denn ich habe in meinem Hause alles, was mich glücklich machen kann — Genuß für mein Herz und Geschäfte." Dann erzählt er von den Erlebnissen seither, rühmt seine Schwiegermutter, durch deren Fürsorge und Güte sie gar anständig eingerichtet seien, so daß er sich im Vergleich mit seiner früheren Lage wie neugeboren fühle, und spricht die Hoffnung aus, seine Schwester mit ihrem Manne würden ihn in seinem neuen Stande bald heimsuchen und er werde seine Eltern mit seiner Frau wiedersehen. Und an seinen Vater schreibt er in derselben Zeit: „Unsre ökonomische Einrichtung ist über alle meine Wünsche gut ausgefallen, und die Ordnung, der Anstand, den ich um mich herum erblicke, dient sehr dazu, meinen Geist zu erheitern. Könnten Sie sich nur auf einen Augenblick zu mir versetzen, Sie würden sich des Glückes Ihres Sohnes freuen." Und bis zu seinem Tode hat der Vater, früher in großer Sorge um des Sohnes Zukunft, sich fortan des Sohnes und seines glänzenden Ruhmes, aber auch der Schwiegertochter und der Enkel von ganzem Herzen gefreut.

Freilich nicht an manchen schweren Sorgen, die bald über das junge Haus kamen, hat es gefehlt. Bei einem Besuche in Erfurt zu Neujahr 1791 wurde Schiller an heftigem Katarrhfieber krank und reiste zwar am 11. Januar als gesund nach Hause, so daß er seine Frau in Weimar ließ, aber schon am

15. mußte er sie holen lassen, im Februar und dann im Mai bei einem Erholungsaufenthalt in Rudolstadt wiederholten sich die Anfälle so stark, daß er am Rand des Grabes war. Da bewies denn Lotte ihre Liebe. Körner schreibt darüber: „Wohl Dir, daß Du eine so brave Gattin gefunden hast! Ohne ihre Sorgfalt hättest Du schwerlich gerettet werden können." Und Schiller erzählt aus den Zeiten der größten Schwäche: „Mein Geist war heiter und alles Leiden, was ich in diesem Momente fühlte, verursachte der Anblick und Gedanke an meine gute Lotte, die den Schlag nicht würde überstanden haben." Auch noch eine Erinnerung an diese Krankheit möge hier Platz finden, die ein Freund Schillers, Karl Graß, nach dessen Tode an Lotte schrieb: „Ich befand mich in seinem Zimmer.... Er hatte, so viel ich weiß, etwas Opium genommen, die heftigen Krämpfe zu stillen, und lag da, leicht entschlummert, wie ein Marmorbild. Sie befanden sich im Nebenzimmer ... und von Zeit zu Zeit kamen Sie an die Thür, sich nach Schiller umzusehen. Sie sahen ihn also daliegen und nahten leise auf bloßen Strümpfen, und ebenso leise knieten Sie mit gefalteten Händen vor seinem Bette hin. Ihr loses dunkles Haar floß über die Schulter. Still weinte Ihr Auge. Sie hatten es wohl kaum bemerkt, daß noch jemand im Zimmer war. Der ohnmächtige Kranke schlug indessen etwas die Augen auf. Er erblickte Sie; mit Leidenschaft umschlangen plötzlich seine Arme Ihr Haupt, und so blieb er auf Ihrem Nacken ruhen, indem ihn die Kraft von neuem verließ." Durch seine Kränklichkeit auf Lottens stete Pflege angewiesen, wird sie ihm immer unentbehrlicher, immer mehr seine größte Freude. So schreibt Schiller am 24. Okt. 1791 an Körner: „Meine Krankheit hat dadurch, daß sie mich ganz außer Thätigkeit setzte, uns so aneinander gewöhnt, daß ich sie nicht gern allein lasse. Auch mir macht es, wenn ich auch Geschäfte habe, schon Freude, mir nur zu denken, daß sie um mich ist; und ihr liebes Leben und Weben um mich herum, die

kindliche Reinheit ihrer Seele und die Innigkeit ihrer Liebe gibt mir selbst eine Ruhe und Harmonie, die bei meinem hypochondrischen Uebel ohne diesen Umstand fast unmöglich wäre. Wären wir beide nur gesund, wir brauchten nichts weiter, um zu leben wie die Götter."

Und diese Charakterzüge erhalten sich durch die ganze Zeit der Ehe: im fröhlichen Verkehr mit der Tischgenossenschaft und den geselligen Abenden, die für Schillers Befinden in den Jahren größrer Schonung so unentbehrlich waren; auf den Reisen zur Erholung und vor allem in den Beziehungen zu den beiderseitigen Familien. Wie gern wurde ein kürzerer oder längerer Aufenthalt bei der guten Mutter in Rudolstadt genommen, wie gern kam sie nach Jena und später nach Weimar und wie lieb waren ihr nicht nur die Enkelkinder: Karl, am 14. Sept. 1793 in Ludwigsburg in Schwaben, Ernst, den 11. Juli 1796, Karoline, am 13. Okt. 1799, ganz kurz vor dem Umzug nach Weimar in Jena und Emilie am 25. Juli 1804 in Weimar geboren, die den Großeltern so rasch die Herzen abgewinnen, sondern auch ihr Schwiegersohn, den sie „meinen guten lieben Schiller" nennt, dem sie selbst eine schöne Weste stickt, gern auch Geld schenkt und alles zur Liebe thut, an den sie nach gemeinsamer Pflege der nach Karolinens Geburt lange schwer kranken Lotte schreibt: „Aus der unglücklichen Zeit leuchtet mir als eine wohlthätige Erscheinung Ihre treue unermüdete Sorgfalt für meine gute Lollo entgegen. . . . Was wir einander in dieser Zeit wurden, vermehrt meine treue Mutterliebe und Achtung für Sie. Die Vorsehung weise mir nur oft bei glücklichen Tagen Wege, auf welchen ich Ihnen zeigen kann, wie teuer und wert Sie mir sind." Aber ebenso schätzt Schiller seine Schwiegermutter, erweist ihr jede kindliche Rücksicht nnd beweist ihr bei jeder Gelegenheit seine aufrichtige Verehrung und innige Dankbarkeit. Und dementsprechend ist Lottens Verhältnis zu Schillers Eltern und Schwestern. Voller Freude empfängt sie 1792

Schillers Mutter und Schwester Nanette und begrüßt wiederholt Reinwalds aus Meiningen und geht 1793—94 mit Schiller zu seinen Verwandten nach Schwaben, wo ihr erstes Kind zur Welt kommt, und auch nach des Gatten Tod zeugt ein lebhafter Briefwechsel von der Treue ihrer verwandtschaftlichen Liebe.

Weitere Mitteilungen aus dem Briefwechsel der Eheleute bei gelegentlichen Trennungen würden zu weit führen, so liebenswürdig sie bei der Besprechung alles dessen, was ihr Herz bewegt, die Lauterkeit und Innigkeit ihrer Liebe unwillkürlich kundgeben. Dabei nimmt natürlich das Gedeihen und das Gebahren der Kinder und zwar ebenso in des Vaters als der Mutter Briefen die erste Stelle ein. Auch eine Aufzählung all der Sorgen um des Gatten Gesundheit könnte doch nur in ausführlicher Lebensbeschreibung interessieren. Aber was Lotte von seinem Tode schreibt, und wie sie diesen herben Schmerz getragen, wie sie als Witwe mit ihren noch unerzogenen Kindern sich zeigt, das bedarf doch noch kurzen Berichtes.

An Schillers Schwester Luise Frankh schreibt sie im Juni 1805 unter anderem, nachdem sie die Größe ihres Verlustes hervorgehoben, den nichts ersetzen sollte, wenn es auch möglich wäre: „denn dieses Wesen, das vielleicht in Jahrtausenden nicht wieder so erscheint, muß auch einzig geliebt sein. . . . Er gab mir ein Vorbild, wie ich leben soll, denn er, mit den unendlichen Leiden seines Körpers, vergaß in der Nähe seiner Geliebten sich selbst und war heiter, liebend, teilnehmend. Er wurde immer milder, immer zufriedener mit seiner Lage, seiner Umgebung, sah das Leben immer mehr aus einem höheren Gesichtspunkt an. — Ich fühle mit Schmerz, aber mit Ergebung in Gottes Fügung, daß er uns nicht leben konnte, daß sein Leben, hätte es auch gefristet werden können durch ein Wunder, doch nicht ohne Versiegung seines hohen Geistes hätte dauern können. Alles war an ihm zerstört; seit dem vorigen Jahr im Julius, wo er die fürchterliche Kolik hatte, hat er sich nicht wieder erholt. Weil ich ihn schon öfter so krank gesehen hatte, hoffte ich auch jetzt, freute mich seit der Zeit über jeden Beweis seiner Kräfte, ach Gott! und umsonst! Husten, Katarrh, Fieberanfälle hatte er seit der letzten Krankheit beinahe immer; dreimal diesen Winter kam der Fieberanfall und der letzte dauerte 9 Tage. Er war viel ruhiger als sonst, nahm teil, solange er konnte, an unseren Gesprächen, verlangte nach den Kindern; von Dienstag bis Donnerstag[1]) phantasierte er beinahe immer, wollte nichts essen und wenig trinken... Den einen Abend ging ich nahe zu ihm: da nahm er meine Hand und sagte: Liebe Gute!... Wenn er sich selbst fühlte, fühlten wir seine Liebe. Sein letztes Zeichen von Bewußtsein war, daß er mich anlächelte mit einem Blick, den ich malen möchte, aber nicht ausdrücken kann, so heiter himmlisch! Ich hob seinen Kopf auf die bessere Seite und er sah mich so an und küßte mich!... Den letzten Tag schlief er gegen Nachmittag ein; ich saß, um ihn nicht zu wecken, in der Nebenstube mit meiner Schwester und sagte leise: da er jetzt schläft, habe ich Hoffnung... als der Mensch, den wir an das Bett gesetzt hatten, uns rief; und der Krampf verzog sein Gesicht, nach wenigen Minuten war er kalt, und ich suchte umsonst, die geliebte Hand zu erwärmen." An Christophien Reinwald fügt sie noch hinzu: „Er rief in der Nacht aus: du von oben herab bewahre mich vor langen Leiden! Dies Gebet ist schön erfüllt worden und giebt mir neuen Mut und Vertrauen, daß auch für mich die Vorsehung wacht." Aus jenem ersten Berichte Lottens verdienen aber noch einige Stellen mitgeteilt zu werden: „Solange ich kann, will ich für unsere Kinder leben und wirken, um ihm zu zeigen, daß ich seiner Liebe wert war, denn sie sind ein teures Erbteil. Sie sind gut und brav und lieben mich herzlich." „Der Rückblick auf

---

1) 7.—9. Mai.

mein Leben mit ihm ist ein Trost, denn ich suchte mit allem, was in meinen menschlichen Kräften stand, von ihm abzuwenden, was ihm hätte nachteilig sein können. Ich habe seinen Geist, seine volle rege Thätigkeit unterhalten, indem ich nur für ihn lebte. Ohne mich wäre er vielleicht nicht so lange der Welt geblieben. . . . Ich fühlte immer, daß ich diesem Geiste keine Fesseln anlegen könne, und suchte lieber ihm das wirkliche Leben nicht drückend zu machen durch Störung seiner Wirksamkeit. . . Wenn wir denken, wie hundertmal thätiger und wirkender er lebte und in der Nachwelt leben wird als eine ganze Generation von Menschen, so sollten wir nicht klagen über seine Thätigkeit des Geistes." Sehr dankbar spricht sich Lotte aus für die thätige Teilnahme, die sie findet, vor allem bei der damaligen Erbprinzessin von Weimar, der Großfürstin Marie Paulowna, die sofort die Sorge für die Erziehung der Söhne bis zum 20. Jahre übernahm, und daß Gott die Unternehmungen Schillers gesegnet habe, so daß sie ohne Entbehrungen leben könne. Zuletzt erzählt sie von den Kindern, besonders von der jüngsten Emilie: „Es ist mir immer, als wär es ein Blick, den mir der Vater sendet, mich zu trösten, wenn sie mich so liebend anlacht." An den edlen Menschenfreund Zacharias Becker in Gotha, den Verfasser des bekannten Not- und Hilfsbüchleins, der vom April 1806 ab sich lebhaft für einen Volksdank zu gunsten von Schillers Familie verwendet[1]) hatte, schreibt Lotte: „Der lebhafte Anteil einiger guter Menschen schon ist ein Gut für meine Kinder, das sie gern Ihnen verdanken werden, und der Glaube, daß man ihren edlen Vater anerkannte, daß seine Nation seinen herben Verlust so tief fühlte, wird sie zur Uebung ihrer eigenen Kräfte anfeuern" u. s. w.

Und Lotte hat Wort gehalten, wenn sie ihre Kinder des Vaters würdig erziehen wollte. Sie war eine gute

---

1) Die trüben Zeiten verhinderten einen rechten Erfolg.

Mutter, die das Andenken des Vaters in den Kinderherzen heilig hielt, sorgsam auf tüchtige, bei den Töchtern auch auf häusliche Ausbildung hielt und sich bei ihren Maßnahmen dessen getröstete, daß sie im Sinne des heimgegangenen Vaters sein würden. Das ist nicht umsonst gewesen. Schillers Kinder sind geraten und als Lotte am 9. Juli 1826 in Bonn fast blind starb, konnte sie auf einen weiten Familienkreis von eignen und Schwiegerkindern und Enkeln blicken, unter denen das Andenken ihres großen Gatten heilig und unbefleckt erhalten wurde. Ist nicht auch dafür das deutsche Volk Lotte Dank schuldig? Als eine so frische, jugendliche Natur, eine so zärtliche Gattin, eine so treue Witwe und Mutter, eine so anhängliche Freundin, eine so fein empfindende Frau zeigt sich Charlotte Schiller in ihrem Nachlasse, sagt mit Recht der Herausgeber desselben, der kürzlich verstorbene Urlichs, daß sie es wohl wert ist, dem deutschen Volke bekannt zu werden.

Es ist unermeßlich, welch ein Segen der immer reinere, immer heiligere Idealismus Schillers für unser Volk gewesen ist und noch ist. Wir können, wenn wir unserm Volke gesunde Nahrung geben und zugleich die edelsten Regungen des Herzens in lebhafte Schwingung versetzen wollen, nichts besseres thun, als Schiller zu ihm reden lassen. Bei ihm brauchen wir nichts zu verbergen, wir dürfen ihn im Hauskleide begegnen, ihn bei Frau und Kindern beobachten, er bleibt unser Schiller. Größeres Lob aber kann seiner Lotte nicht gezollt werden. Und so hat wohl der 100. Jahrestag der Trauung Schillers ein Anrecht auf Beachtung und damit auch die Stätte, an welcher Schiller seine Ehe schloß. „Die Stätte, die ein guter Mensch betrat, bleibt eingeweiht, nach 100 Jahren klingt sein Nam' und seine That dem Enkel wieder", singt Goethe. So hat die Universität Jena im Mai 1889 den Eintritt Schillers in ihren Verband feierlich begangen und alle die Wohnungen, die Schiller innegehabt, mit Gedenktafeln geziert. Die Büste Schillers

Kirche zu Wenigenjena (Ostseite).

schmückt bereits den Park des Herrn v. Tümpling auf Thalstein bei Wenigenjena. Auch die Kirche von Wenigenjena pflegt schon seit langer Zeit von Fremden um dieser Erinnerung an Schiller willen aufgesucht zu werden: vielleicht ist das eine Gelegenheit, ihr nicht nur die Gedenktafel[1]) zu verschaffen, welche auf den 22. Febr. 1790 zurückweist, sondern auch ihr zu der Erneuerung und Vollendung zu verhelfen, deren sie bedarf. Die beigefügten Bilder geben wohl einen Eindruck sowohl von der schönen Anlage, als der traurigen Unfertigkeit, in der sie auf unsere Zeit gekommen ist. Nichts wird berichtet über die Gründung der Kirche, aber der im Mauerwerk, jedoch ohne Wölbung vollendete Altarraum weist mit seinen schönen gotischen Fenstern und den Ansätzen der Gewölberippen auf das 14. Jahrhundert (schon vom Jahre 1307 wird ein Leutpriester Johannes von Wenigenjena erwähnt. Gesch. des Geschlechtes v. Tümpling S. 91), während das mit einem Notdache versehene Portal, ein kleines Meisterwerk künstlerischer Stilisierung und ein sonst vielleicht nicht wieder erreichtes Beispiel vollendeter Behandlung des Jenaer Kalksteins, etwas später entstanden sein wird. Noch zeigen sich schöne Anfänge breiter Fenster auf der Südseite des Schiffs — dann ist der Bau, vielleicht infolge von Überschwemmung, liegen geblieben und später in der dürftigsten Weise ein Raum für Orgel und Sitzplätze der früher kleinen Gemeinde geschaffen worden, so niedrig, daß der Dachfirst nur bis zur Höhe des Dachbodens des Altarraumes reicht und die nördliche Mauer so viel kürzer als das südliche, daß in den Zwischenraum das Haus für die Orgelbälge und das Bahrenhaus eingebaut werden konnte, was das eine Bild in aller Unschönheit deutlich zeigt. Der hohe Dachboden nimmt in Ermangelung eines Turmes die Glocken in uraltem Glockenstuhle auf und wird daher durch eine riesige Säule gestützt, einen roh bearbeiteten

---

1) Ist vom Kirchgemeinde-Vorstande beschlossen worden.

Kirche zu Wenigenjena (Westseite).

Baumstamm, der zwischen Kanzel und Altar stehend den Altar für die ganze eine Seite der Kirche verdeckt. Der untere Stock des Turmes ist auf der Nordseite vorhanden und von der Fortsetzung des hohen Daches bedeckt; er enthält die Sakristei. Die Orgel ist neu[1]), aber der Raum um dieselbe in der kläglichsten Weise eng und unschön, das Ganze durchaus nicht einladend. Dabei verursacht die bloße bauliche Erhaltung der Kirche und der sehr alten Pfarrei schon beträchtliche Kosten jährlich und die durch den starken Zuzug von Leuten, die fast durchgängig auf ihren Tagesverdienst angewiesen sind, rasch angewachsene Gemeinde hat mit Schulbauten und Schulstellen — in 18 Jahren sind aus einer fünf geworden und die sechste wird sich sehr bald nötig machen —, sowie mit der Beschaffung eines neuen Friedhofs nebst Zubehör: Leichenhaus und Kapelle, soviel zu thun, daß umfassende Erneuerungen und Herrichtungen ihr jetzt nicht angesonnen werden können, und doch thun sie not. Wie überall: was eine würdige und freundliche, behagliche Kirche besonders dringlich macht, ist zugleich das stärkste Hindernis. Wer hilft? Wer Gott für unsern Schiller dankbar ist, wolle an der alten Schillerkirche mitbauen[2]). Den großen Dichter von neuem weiten Kreisen in recht liebe, freundliche Erinnerung zu bringen, ihn und seine treffliche Gattin als liebenswerte Menschen mit Worten aus ihrem eignen Munde zu zeichnen, ist dieser Blätter Zweck. Möge auch die Traukirche Schillers und unsere Gemeinde Segen davon haben!

[1]) 1875 durch freiwillige Gaben in der Gemeinde erbaut.
[2]) Über freundliche Gaben wird der Kirchgemeinde-Vorstand öffentlich Rechnung ablegen.